食品ロス

「もったいない」を みんなで考える

② 食品ロスをなくすには？

監修

料理研究家・食品ロス削減アドバイザー

島本 美由紀

も く じ

この本を読むみなさんへ ・・・・・・・・・・・・・ 3

マンガ 「食品ロス」 をへらすためにできること
―わたしたちにもできることはあるかな？―
・・・・・・・・・・・・・・・・・・・・・・・・・・・・・・・・・ 4

家庭から出る食品ロスをなくす

買いものを見直そう ・・・・・・・・・・・・・・・・・ 6

食べものが傷む原因を知ろう ・・・・・・・・・・ 8

じょうずに保存しよう ・・・・・・・・・・・・・・・ 10

冷蔵庫の中を整理整とんしよう ・・・・・・・ 12

食べ残しをへらそう ・・・・・・・・・・・・・・・・ 16

家にあるものを使いきろう ・・・・・・・・・・・ 18

さまざまな場面で出る食品ロスをなくす

生産者の取り組み ・・・・・・・・・・・・・・・・・・ 22

食品工場の取り組み ・・・・・・・・・・・・・・・・ 24

パッケージの工夫 ・・・・・・・・・・・・・・・・・・ 26

小売店の取り組み ・・・・・・・・・・・・・・・・・・ 28

飲食店の取り組み ・・・・・・・・・・・・・・・・・・ 30

みんなで協力してできる取り組み ・・・・・・ 32

マンガ 「食品ロス」 をへらすために行動しよう
―学んだことをやってみよう！― ・・・・・・・ 34

食品ロスおさらいクイズ ・・・・・・・・・・・・・ 36

●コラム

「賞味期限」 を知ろう ・・・・・・・・・・・・・・・ 14

賞味期限クイズ ・・・・・・・・・・・・・・・・・・・ 15

レシピ　残った食品を使いきろう ・・・・・・・ 20

食品ロスをへらす海外の取り組み ・・・・・・・ 38

さくいん・・・・・・・・・・・・・・・・・・・・・・・・・・ 39

★この本の登場人物

みゆき先生

料理研究家・食品ロス削減アドバイザーの島本美由紀先生。食品ロスのことなら何でもおまかせ！

滝沢さん

お笑い芸人・マシンガンズの滝沢さん。ごみ清掃員としても働いている。夢は日本から食品ロスやごみをなくすこと！

ぼくたちといっしょに食品ロスのことを見ていこう！

多部田さん一家

お父さん、お母さん、小学4年生の姉と小学2年生の弟の4人家族。一家そろっておいしいものが大好き。

この本を読むみなさんへ

　今、日本ではまだ食べられるのに捨てられてしまう食べものがたくさんあります。これを「食品ロス」とよびます。

　みなさんも「おなかがいっぱいだから」とごはんを残してしまったり、「期限がすぎているから」とごみ箱にお菓子を捨てたりしたことはありませんか？　日本で1年間に発生している食品ロスは、約600万トン。こうした小さなことが積み重なるとものすごい量になってしまうのです。

　せっかくお金を出して買った食べものを捨ててしまうなんてもったいないですよね？　食べものはからだに入ると、エネルギーや骨、筋肉をつくる栄養になってくれます。けれども、捨てればごみになってしまいます。日本のように食べものを捨てている国がある一方で、世界には食べものがなかなか手に入らず、いつもおなかをすかせている人もたくさんいます。それだけでなく、食べものを捨てることで地球にもさまざまな問題が起きてしまうのです。

　食品ロスの半分は家庭から出ています。わたしたち一人ひとりが気をつけていけば食品ロスはかんたんにへらすことができます。この本では、家でできる食品ロスをへらすアイデアをしょうかいしています。この本を見ながら、家の人と、どうしたら食品ロスをなくせるか話しあってみてください。そして、食品産業にかかわる人たちも、食品ロスをへらすためにさまざまな知恵をしぼっているので、身近なスーパーマーケットやレストランの取り組みもこの本でしょうかいしています。

　食べものは地球に生きているすべての人にとって、なくてはならないものです。食品ロスをなくすために、できることをはじめていきましょう！

料理研究家・食品ロス削減アドバイザー
島本美由紀

「食品ロス」をへらすためにできること

―わたしたちにもできることはあるかな？―

今日は特売日だから安いね！

ピザ買ってー

あっ滝沢さん

こんにちは

こんにちは

ごみ清掃員もやっているお笑い芸人の滝沢さん

滝沢さんはあまり買いものしないんだね？

ぼくは必要なものだけ買うようにしているんだ

食品ロスになっちゃうからね

じゃまた

食品ロスって…

まだ食べられるのに捨てられる食べものだよ

日本では、年間で約600万トンでるんだ

わたしたちも気をつけて買いすぎないようにしよう

うん！

すばらしい心がけね！

こんにちは

みゆき先生！

家庭から出る食品ロスをなくす①

買いものを見直そう

家から出る食品ロスをへらすためには、まず買いものを見直して、食品の買いすぎをおさえることが大切です。

買いもの前に
食品をチェックしよう

　家にどんな食品があるのか、よく見ないで買いものにいくと、同じものを買ってしまうことがあります。すると、食べきれずに賞味期限が切れてしまい、食品ロスになりがちです。買いものの前によく確かめて、むだな買いものをしないように気をつけましょう。

買いものの前に、家にある食べものを確認してみよう。

どうしたら買いすぎをふせげるか、考えよう

　みなさんの家でよく捨ててしまう食べものはありませんか？
　家から出る食品ロスのうち、手をつけないうちに賞味期限が切れたり、悪くなったりして捨ててしまう「直接廃棄」は3分の1をしめています。
　どうしたら買いすぎをふせげるか、家の人と考えてみましょう。

お店にあるものがおいしそうに見えても、すぐに「これ買って」って言っちゃうのをやめる。

特売とかで安いものにとびつくことをやめるのも大切だね。

必要なものと数量をあらかじめメモに書いて持っていけばいいんじゃない？

6

食べきれる量だけ買おう

スーパーマーケットなどでは、まとめ買いをすると安くなるセールをよくやっています。また、調味料やおかしなどは、小さなサイズよりも大きなサイズのほうがお得です。でも、安いからといって大量に買ってしまうと、手をつける前に食品が傷んでしまったり、食べきれずに残してしまったりすることがあります。

もう食べられないよ～

買いすぎないようにすることは、結局はお金もむだにしないことにつながるよ。

買いものメモをつくろう

お店の中で、おいしそうなものや安くなっているものを見つけて、ついよぶんなものを買ってしまうことがあります。

よぶんな買いものをふせぐには、買いものの前に何をどれくらい買うかを決めておくのがよい方法です。

みなさんが買いものにいくときは、家の人と話して買いものメモをつくって持っていきましょう。買いものが早くすんで、買いまちがいもなくなります。

買いものメモの例

たまご

ぶたにく

パンこ

牛乳

あとは
牛乳だよ

食べものが傷む原因を知ろう

食べものが傷んで食べられなくなってしまうのはなぜでしょうか？　家の中でありがちな原因を見てみましょう。

開けっぱなし─食感が変わる、菌が入る

ポテトチップスのふくろを開けたまま置きっぱなしにしていたら、ふにゃふにゃになってしまったことはありませんか？　これは空気の中にふくまれている水分を食べものがすってしまうためです。スナックがしやせんべい、クッキーなど、水分の少ない食べものは、長い時間空気にふれると水分をすって、食感が変わってしまいます。

ソースやケチャップ、しょうゆなどの調味料も、ふたを開けっぱなしにしてしまうと中身が空気にふれて味が変わったり、菌が入って傷んだりすることがあります。

ポテトチップスのふくろを開けっぱなし

マヨネーズのふたを開けっぱなし

出しっぱなし—食品に菌がつく、傷む

　冷蔵庫から取り出した食品を元にもどさないで出しっぱなしにすると、傷んで味が変わったり、いやなにおいがしたりすることがあります。

　これは食べものにくっついて繁殖する悪い菌のしわざです。菌は空気中をただよっていて、食べものにつくと、栄養分や水分を使って繁殖していくのです。温度の高いところでは、とくに菌が繁殖しやすくなるため、食べものを冷蔵庫の外に出しっぱなしにすると、すぐに傷んでしまいます。

　残ったおかずやごはんも、テーブルに置きっぱなしにすると、傷んでしまいますが、きちんとラップをかけて、すぐに冷蔵庫にしまえば後でまた食べることができます。

水分が多い食べものは菌が繁殖しやすい。

飲み終わった牛乳を出しっぱなしにしている

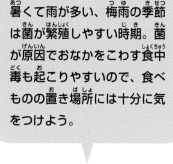

暑くて雨が多い、梅雨の季節は菌が繁殖しやすい時期。菌が原因でおなかをこわす食中毒も起こりやすいので、食べものの置き場所には十分に気をつけよう。

使った牛乳は、すぐに冷蔵庫へもどすようにしましょう。

知ってる？
長持ちさせるために生まれた食品

　昔は冷蔵庫がなかったため、人々は食べものをむだにしないように、さまざまな食品を考案しました。

　日本で古くから食べられてきた野菜のつけものや魚の干物は、塩や酢を使ったり、日に当てて水分をぬいたりすることで、菌の繁殖をおさえ、長く食べられるように工夫されています。

　ヨーロッパで生まれたソーセージは、塩やスパイスで味つけした肉を、木を燃やしたけむりにあてて乾かしたものです。けむりによる菌の繁殖をおさえる効果を利用した方法で、生の肉よりも長持ちします。

じょうずに保存しよう

あまったおやつやごはん。捨ててしまうと、食品ロスになりますが、保存の仕方を工夫すれば長くおいしく食べることができます。

おやつがあまったとき

おやつが食べきれなかったときは、空気にふれないようにつつんで、日の当たらないところや冷蔵庫の中にしまっておきましょう。あとからまたおいしく食べることができます。

●プリン、ヨーグルト
食べかけのものはラップをかけて冷蔵庫に入れる。

●ホットケーキ、マフィン
保存ぶくろに入れて冷凍室に入れる。食べるときは、電子レンジで温める。

●スナックがし、クッキー、おせんべい
ふくろの口をおってクリップでとめたり、チャックのついた保存ぶくろにうつしかえて、口を閉じる。日が当たらないすずしいところに置く。

空気をしっかりぬくのがおいしさを長持ちさせるポイントよ。

ごはんやおかずがあまったら

ごはんやおかずがあまったときは、すぐに冷蔵庫で保存しましょう。菌の繁殖をふせぐために、きれいなうつわにうつして、ラップをかけておきます。冷蔵庫の中は乾燥しているので、ラップははがれないように、しっかりとかけましょう。ふたつきの容器を使ってもよいでしょう。

教えて
みゆき先生

野菜やくだもの どうやって保存するの？

Q&A

味も形もさまざまな野菜とくだもの。保存の方法も種類によってちがいます。

Q 野菜は何でも冷蔵庫に入れたほうがいいの？

A 野菜には、寒いところが苦手で温度が低いところに置くと、味が落ちてしまうものがあります。ジャガイモ、サツマイモ、サトイモは暑い時期でなければ、新聞紙につつんで、冷蔵庫に入れず常温で保存したほうがおいしく食べることができます。

夏に収穫されるナス、トマト、キュウリは水分をたくさんふくんでいるので、冷蔵庫で保存するほうが長持ちしますが、むき出しのまま入れると低温で味が落ちてしまいます。ふくろに入れるなどして野菜室にで保存するのが良い方法です。

寒いところが苦手な野菜・くだもの

土の中で育つイモ類は、温かくて暗いところが好き。新聞紙でつつんで、日の当たらない、風通しのよいところに置くのが長持ちする方法。

暑い夏に収穫される野菜。野菜室に保存するときは、キッチンペーパーでつつんでからふくろに入れると、低温に負けず、おいしく食べることができる。

南国で育つバナナは、皮に黒い点が出て食べごろになるまで自然の温度に置いておく。黒い点が出たら、ラップにつつむか、ふくろに入れて、野菜室へ。

Q 置き方を工夫すると長持ちするって本当？

A イチゴやミカン、リンゴなど、へたのあるくだものはへたを下にして置いたがほうが果実がいたみません。ホウレンソウやコマツナなど、葉を食べる野菜は、畑のなかで育っているときと同じように根元を下にしておいたほうが長持ちします。

イチゴは実が重ならないようにならべて、ヘタを下にして置く。いたんだものがあるとほかのイチゴにうつってしまうので取りのぞく。

葉を食べる野菜は、根元を下にして置くのがいちばん。空のペットボトルを切って、根元を入れるとよい。冷蔵庫のなかは乾燥しているので、ふくろをかぶせておくと、長持ちする。

冷蔵庫の中を整理整とんしよう

冷蔵庫の中がちらかっていると、食品ロスも生まれやすくなります。家族みんなで協力して、冷蔵庫をすっきり整理整とんしましょう。

おやつのプリンはどこだろう？

しめてよ
あついよ～
ないな～

冷蔵庫に食べものをつめこみすぎていないかな？

冷蔵庫の中にぎっしりと食べものをつめこんでいると、おくにあるものが見えづらく、しまったものをわすれてしまい、傷んでしまうことがあります。また、冷蔵庫の中の空気の流れが悪くなり、食べものを冷やすのに余計な電気代もかかってしまいます。

パンパンにつまった冷蔵庫の中には食品ロスがかくれているかもしれません。みなさんの家の冷蔵庫はどうですか？

●悪い例
ものが入りすぎていておくにあるものが見えない。

●良い例
すっきりと整理されていてすきまがある。

冷蔵庫をひやす冷たい空気は真ん中からふき出しているよ。冷蔵庫の真ん中は空けておいたほうが、冷蔵庫の中がよく冷えるよ。

箱やパッケージは
はずしてからしまおう

冷凍室からアイスの箱を取り出したら、中にはアイスが1本だけ……なんてことはありませんか？　中身が少なくなったら箱から取り出してしまいましょう。冷蔵庫の中で場所をとらずに、残りがいくつあるのかすぐにわかります。

卵のパックやなっとうの外についているフィルムもはずしたほうが冷蔵庫の中がすっきりします。

おやつを取り出すときに気づいたら、外箱やパッケージを取りはずす。冷蔵庫の中ではばをとらず、すっきりする。

決まった場所にもどそう

どこに何を置くか家の人とルールを決めて、食品を取り出したらもとの位置にもどす習慣をつけましょう。いつも同じ場所に置くようにすれば、冷蔵庫の中が整理されて、必要な食品をすぐに取り出すことができます。

置き場所を決めるときは「おやつに食べるもの」「朝ごはんで食べるもの」など食品をグループ分けして、ケースに入れてもらうようにすると、どこにもどすかわかりやすくなります。

朝ごはんに使うものは2段目の左のケースに、おやつは2段目の右のケースに、調味料はドアのポケットを置き場所にしましょう。

朝ごはんに使ったマーガリンは2段目の左のケースに

マヨネーズはドアのポケットだね。

置き場所をおぼえて、食事の準備や片づけをお手伝いしよう。

「賞味期限」を知ろう

家にあるさまざまな食品。食べることができるのは、いつまででしょうか？

「賞味期限」はおいしく食べられるめやす

　食品のパッケージに表示されている賞味期限は、おいしく食べられるめやすとなる日付です。賞味期限をすぎると、かおりや食感が少しずつ変わるので、この期限内に食べきるのがいちばんですが、すぐに食べられなくなるわけではありません。正しく保存していれば、賞味期限を少しすぎてもおいしく食べられることがあります。

　でも反対に、冷蔵庫に入れなければいけない食品を常温で保存してしまうと、賞味期限の前に傷んで食べられなくなってしまうことがあります。パッケージに書いてあるとおりに保存しましょう。

　「消費期限」はふくろや容器を開けずに保存していた場合に、この「年月日」まで「安全に食べられる期限」をさしています。

賞味期限

消費期限

　傷みにくい食品には「賞味期限」、傷みやすい食品には「消費期限」が書かれています。賞味期限も消費期限も、ふくろや容器を開けずに、書かれたとおりに保存していた場合の、安全においしく食べられるめやすです。一度開けてしまった食品は、期限に関係なく早めに食べるようにしましょう。

この牛乳の賞味期限、きのうまでだった。飲まないほうがいいの？

においも色も変わっていないからだいじょうぶ。

賞味期限がきれている食品があったら、家の人にそうだんしてみよう。

賞味期限 クイズ

身近な食べものがならんでいるよ。クイズをときながら食べものの賞味期限について知ろう。

①チョコレート　②カップラーメン　③塩

④ケーキ　⑤牛乳　⑥魚の缶づめ

問題1 賞味期限がいちばん短いものはどれ？

問題2 賞味期限がいちばん長い食品はどれ？

問題3 災害のときの非常食にいちばん向いているのはどれ？

問題4 買ってきたらすぐに冷蔵庫に入れる必要があるのはどれとどれ？

答え

問題1　④ケーキ　ケーキの賞味期限は、早いものではつくられた当日ということもあるんだ。生クリームを使ったケーキはなるべく買ったその日のうちに食べよう。食べるまでは冷蔵庫にしまっておいてね。チョコレートの賞味期限は1年くらい。同じチョコレートでも、生クリームを使ったものは賞味期限まで数日間しかないものもあるので注意して。

問題2　③塩　じつは塩には賞味期限がないので、何年も使うことができるよ。ただし、湿度の高いところに置いておくと固まってしまうので、なるべく乾燥している場所に置くのがおすすめ。

問題3　⑥魚の缶づめ　魚の缶づめの賞味期限は製造から約3年後。ふたを開ければそのまま食べることができるので、災害のときでも使いやすい。カップラーメンはお湯を注ぐだけで食べられるけれど、賞味期限は約半年と意外と短い。パッケージに賞味期限を大きく書いて、期限切れにならないうちに食べよう。

問題4　④ケーキ、⑤牛乳　牛乳は冷えた場所で保存しないと菌が増えて、傷みやすいんだ。ケーキも同じように、生の乳製品が使われているよ。どちらも冷蔵庫で保存しよう。

食べ残しをへらそう

家から出る食品ロスでいちばん多いのが食べ残し。ちょっと工夫をしてみると、食べ残した料理もおいしく食べきることができます。

今日は
おなかがいっぱいかも

もう
食べられない

う～ん、どうしよう

食べ残さないように どんなことができるかな？

食欲がでないときや苦手な料理が出てしまったとき、料理を残したことがあるかもしれません。残すと料理をつくった人は残念な気持ちになりますし、食品ロスを増やしてしまうことになります。食べ残しをへらすには、どうしたらいいでしょうか？　できることを考えてみましょう。

家の人に食べられそうな量を伝える

給食をおかわりした日やあまり体を動かしていない日は、いつもよりも食欲がわかないことがある。おなかがすいていないときは、早めに家の人に、「少なめでいい」と伝えて量を調節してもらう。

今日はあんまり
おなかすいてない

おやつの食べすぎに気をつける

おやつでおなかがいっぱいになってしまうと、夕飯が食べられなくなってしまう。おやつの量が多いと思ったら、ていねいに保存して次の日にとっておく。

残りは明日
食べよう

自分で食べられる量をよそう

ごはんを茶わんによそうときは、お手伝いをしよう。自分が食べられる分を考えたり、ほかの家族に食べられる量を聞いたりしてからよそう。

味を変えて食べてみよう

　苦手なおかずや、好みの味ではない料理でも、少し味を変えてみると食べやすくなったり、食欲がわいたりすることがあります。

　食欲がわかないときは、マヨネーズやケチャップ、ドレッシングをかけたり、バターやチーズをトッピングしたりして、いつもとちがった味を試してみましょう。

カレーにチーズをのせると、気分が変わっておいしいね。

ごまドレッシングはおさしみに、和風ドレッシングはあげものにもあうよ。野菜にはのりのつくだにや、みそをつけてもおいしい。

ごまのドレッシングだと苦手なサラダも食べやすい。

知ってる？
家の人とリメイク料理をつくってみよう！

　料理をたくさんつくりすぎて、食べきれずに残ってしまうおかずがあります。そんなときは、見た目も味もちがう料理にリメイク（つくりかえること）して別の料理に生まれ変わらせることができます。

　たとえば、ゆでて余ったそうめんは、野菜といためて、焼きそば風に。ひじきの煮物は卵焼きに入れてひと味ちがう卵料理に。

　インターネットではたくさんのリメイク料理のアイデアが公開されています。家の人と調べて、みんなが食べたい料理をさがしてみましょう。

カボチャの煮物→プリン

カボチャをつぶし、卵や生クリームなどを加えてむす。

ポテトサラダ→コロッケ

あまったポテトサラダを丸めて、衣をつけてあげる。

残った料理の名前と「リメイク」と入力して検索してみると、リメイク料理のレシピが見つかる。

家にあるものを使いきろう

家庭には買ったままで利用されない食材がたくさんあります。
ひとつひとつの食材をむだなく使って、食品ロスをへらしていきましょう。

晩ごはん
なにがいいかな～

とりあえず
買いものに
行って決める？

ちょっと
待って～！

残った食材を使って
何をつくれるか
みんなで考えてみませんか？

家にある食材で何がつくれるかな？

食品を買っておいたことをわすれて、気づいたときには賞味期限がすぎてしまったり、いたんでしまったりすることがあります。

家に賞味期限の近い食品や生鮮食品が残っているときは、早めに料理をすることが食品ロスをなくすコツです。

「毎月〇日は使いきり料理の日」と決めて、残った食品で料理するのも効果的です。

冷蔵庫にどんな食品が残っているかな？

チーズ
ひと皿

パン
1まい

ピーマン
1個

ソーセージ
ひと皿

どんな料理が
できるかな？

いためて食べる？

カレーに入れても
おいしそう。

同じ材料でも味つけを変えれば、あきずに食べられるよ！
次のページでこの材料を使ってできる料理をしょうかいするよ！

残りもので「ピザトースト」をつくってみよう

野菜のきれはしや、ベーコン、ソーセージなど、冷蔵庫に残っている食品をのせたピザトーストです。家の人といっしょにつくってみましょう。

材料	
・食パン ・ピザソース 　（ケチャップ） ・チーズ	・具材になりそうな、残りものの食品 ★たとえば、こんな食品 ブロッコリー、キャベツ、ピーマン、ニンジン、タマネギ、きのこ、ベーコン、ソーセージ、ツナかん、かにかま

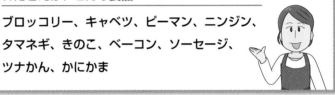

❶具材を切る

キッチン用のはさみを使うと安全に切れる。キャベツやきのこは手でちぎってもよい。

❷具材をならべる

トーストにソースをぬって具材をならべる。その上にチーズをちらす。

ピザソースのかわりにケチャップやマヨネーズを使ってもいいよ。家にある食品を使ってつくろう。

❸オーブンで焼く

チーズがとけて、生地に少しこげめがついたら焼き上がり。

完成！

おいしく食べて食品ロスをへらせるなんて

みんながハッピーだね！

レシピ 残った食品を使いきろう

食品をむだなく使う料理のレシピをしょうかいします。ほうちょうを使わずかんたんにできるので、家の人といっしょにつくってみましょう。

あまったサツマイモで、「皮ごとサツマイモごはん」をつくろう

材料 （4人分）

- 米　2合
- さつまいも　1本
- 黒いりごま　お好みの量

A
- みりん　大さじ1
- 酒　大さじ1
- 塩　小さじ1

さつまいもの皮にはおなかをきれいにそうじしてくれる食物せんいがたっぷり入っているよ。

❶お米をとぐ。ボールにお米とたっぷりの水を入れて、軽くにぎった手で円をえがくようにかきまぜて、水をすてる。これを2～3回くりかえして、炊飯器にうつし、Aの調味料を加える。

❷炊飯器のめもりの線まで水を入れて30分おいてから、よく洗ったさつまいもをまるごと一本入れて、炊飯器のスイッチを入れる。

❸たきあがったら、しゃもじでさつまいもをほぐしながらまぜる。もう一度、ふたをして5分間むらす。

❹ちゃわんにもって、黒いりごまをかける。

さつまいもがホクホクしておいしい！

残ったピーマンで「まるごとピーマンのおひたし」をつくろう

材料 （4人分）

ピーマン　4個
ポン酢　お好みの量
かつおぶし　お好みの量

ピーマンの種は栄養をたくさんふくんでいるよ。まるごと料理して食べちゃおう。

❶ピーマンを洗って耐熱容器（電子レンジにかけても安全な器）に入れ、ふんわりとラップをかけて電子レンジの600wで4分間温める。

❷手になべつかみをはめて、やけどをしないように気をつけて電子レンジから取り出し、ラップをはずす。ポン酢とかつおぶしをかけてできあがり。

苦みがなくておいしく食べられたよ。

残ったジャムで「シャーベット」をつくろう

材料 （4人分）

ジャム　80g
ヨーグルト　200g
生クリーム　100g

ジャムの賞味期限は開封後から2週間くらい。冷蔵庫に残っていたら、シャーベットにしてみましょう。

❶冷凍用保存ぶくろに材料をすべて入れてもむ。

❷2時間冷凍する。

❸冷凍室から取り出してもんで冷凍室にもどす。

❹さらに1時間冷凍したら取り出して、うつわにもりつけてできあがり。家にフルーツがあったらそえてみよう。

ぼくたちにもできたね！

こんなにおいしいおやつになるなんてびっくり！

生産者の取り組み

　形が悪い野菜や小さすぎる魚など、出荷されずに捨てられてしまう食材があります。これらを捨てずに、利用する取り組みが行われています。

スーパーの野菜や魚はみんな同じ大きさだよね

形が悪い野菜は売れないから捨てられてしまうというよね

こんな野菜を売っている農家さんもいるよ

ふぞろいな野菜を売るアイディア

　畑でとれる野菜のなかには、曲がっているものや大きくなりすぎてしまったものが混じっています。見た目が悪いと買い手もつきにくいため、捨てられてしまうことがあります。

　北海道むかわ町の辻農園では、形が悪くても、おいしいダイコンをみんなに食べてもらえないかと考え、ふくろに顔をかいて売ることを思いつきました。地域のスーパーマーケットで販売したところ、すぐに売りきれる人気の商品になりました。

包装フィルムに目と口をかきたした。割れた先たんが手足のように見える。

ぼくも買ってみたい、食べてみたい！

間引きした果実を捨てずに商品に！

　果実を育てる農家では、実がなると小さな実を選んでつみとる間引きをおこないます。実の数をへらしたほうが、残した実が大きく育つためです。これまで間引きした小さな実は、捨てられることがほとんどでしたが、最近では実をそのまま販売したり、ジュースやジャムなどの食品に加工したりして売る農家が増えています。

漬物　炒め物　天ぷら

いろんな料理に使えます

摘果メロン

間引きしたメロンは、歯ごたえがあり料理の材料として使うことができる。おいしい食べ方をしょうかいして、販売する農家が増えている。

間引きしたりんごからつくったリンゴジュース。

小さな魚を育てておすしに利用

漁師は海に網をしかけて魚をとります。水あげした網のなかには、まだ成長していない小さすぎる魚も混ざっています。小さい魚は料理に使いにくく売れないことから、ほとんどの場合は出荷されずに捨てられてしまいます。

回転ずし店の「くら寿司」は、漁師と協力して網にかかった小さな魚を育てる取り組みをはじめました。網にかかった魚のうち、すしネタにならない小さな魚はいけすにうつして、えさをやり大きくなるまで育てます。大きく育った魚をおすしのネタに利用します。

魚をとるようす。

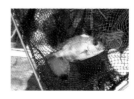
網にかかったが、おすしにはできない小さな魚。

魚を育てるためのえさ。

いけすで魚を育てるようす。

とれた魚をむだにしない取り組みだね！

知ってる？
高校生がゆずの皮から商品開発

石川県金沢市の農家では、山間部で育てたゆずの実やゆずの果汁を出荷しています。ゆずは実だけでなく皮も食べることができますが、しぼったあとに残る皮を活用しきれず、捨てなくてはならないことが、農家の人たちの悩みでした。

それを知った地元の翠星高校の生徒は、捨てられる皮の活用に取り組みました。試作をくり返した結果、皮を砂糖で煮つめて加工し、ピール煮として売り出せるようになりました。

よごれが多くて食べることができない皮からはアロマオイルをつくることにも成功。アロマオイルを使ったキャンドルや石けんなどの商品も開発しました。この取り組みによって、ゆず農家から出る廃棄物をゼロにすることができるようになりました。

果汁をしぼったあとのゆずの皮。

翠星高校の生徒がピール煮をつくる。

商品になったピール煮。

ピール煮の煮汁を利用したドリンクを販売。

アロマオイルを利用してつくったキャンドルと石けん。

食品工場の取り組み

毎日たくさんの食品ロスが発生する工場では、AIなど最新の技術を活用して、食品ロスをへらす取り組みが進められています。

食品工場では1年に約126万トンの食品ロスが出ているよ

たくさん商品をつくるから食品ロスの量も多いんだね

食品工場でも食べものをむだにしないようにいろいろな取り組みをしているよ

工夫① 材料をむだなく使う

食品工場では決まった味、決まったサイズの商品をつくるため、食材を同じサイズにカットして使います。切り落とされた部分はこれまで捨てられることがほとんどでした。

けれども最近では捨てられていた食品を家畜のえさや肥料にリサイクルして、むだなく利用する工場が増えています。

食品のリサイクルのしくみ

食品加工に利用できなかった部分、そのほかの生ごみ

加工

たい肥にして、畑で作物を育てるのに利用

加工

家畜のえさに利用

工夫② AIを使ってミスによる食品ロスをふせぐ

食品工場では安全においしく食べられる商品だけを出荷するために、必ず原材料や、完成品のチェックをします。安全に使える材料であるか、完成品に異物が残っていないかを確認して、おかしなものがあれば取りのぞきます。

人の目でチェックするときは、短時間で一つ一つを細かく調べるのはむずかしいため、少しでも不安があるものは、念のため多めに取りのぞきます。

そこで最近では、食品のチェックにAIを利用する食品工場が増えています。AIを使えばより細かく一つ一つの食品をチェックでき、本当に問題のある食品だけを仕分けられます。

からあげをつくる工場

人の手による仕分け

あれ、この鶏肉、羽が残っているように見えるな。念のため取りのぞこう。

安全に使える肉でもまちがえて取りのぞいてしまうことがある。

AIによる仕分け

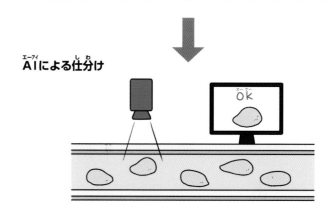

AIがいっしゅんで骨や羽などが残った部分を見つける。人の手でていねいに取りのぞけば、安全に使うことができる。

工夫③ 気象データをとりいれてつくりすぎをふせぐ

暑い日にはアイスクリームがよく売れ、寒い日にはおでんや肉まんのような温かい食品が売れます。食品の売れ行きと天候は深く結びついているのです。

そのため食品メーカーのなかには、気象予報会社が出したくわしい気象データを見て、生産量の調整を行うところが増えてきました。正確なデータをもとに生産量を調整すると、売れ残って食品ロスになる商品をへらすだけでなく、会社の損失をなくすこともできます。

アイス工場の例

来月は暑い日が増えるぞ。たくさん売れそうだから、生産量を増やそう。

来月から暑さがやわらぐな。食品ロスを出したくないから生産量をへらそう。

25

パッケージの工夫

食品をつつむパッケージ。ここにも食品ロスをへらす工夫がつまっています。

このとうふ、賞味期限が今日までだ！

とうふは賞味期限が短いんだよね

最近は半年以上も長持ちするとうふもあるのよ

え、すごい！

工夫① 少量サイズを用意する

ひとり暮らしの世帯や家族そろって食事をする機会が少ない家では、買ってきた食品をすぐに食べきれずに傷ませてしまうことがあります。

すべて食べきれるように、少量ずつ包装した商品を開発して販売する食品メーカーが増えています。

3〜4人前　　　**2人前**

中華料理の素。以前は3〜4人前だけをつくっていた。1〜2人暮らしの人でも余らせず使いきれる2人前サイズもつくるようにした。

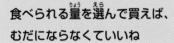

食べられる量を選んで買えば、むだにならなくていいね

1人前ずつ固形スープに！

なべの素。液状で売っていたものを固形にして、1人前ずつ量を調節してつくれるようにした。つくりすぎの心配がない。

工夫② 食品のじゅ命をのばす

食べものは空気にふれたり、高温や直射日光にさらされたりすると傷みやすくなります。食品メーカーでは、中の食品を守り、長持ちさせるため、空気や熱を通しにくい素材をパッケージに使う工夫をしています。

長持ちする食品のパッケージは、いろんな性質の素材が何枚も重ねられているよ。

とうふ

写真のとうふは酸素や光を通しにくい素材を6層に重ねたパッケージを使っている。容器と中身を別々に殺菌したうえ、菌のいない無菌室でパックづめし、常温で7か月以上保存できるようになった。

こんなにのびた

冷蔵で1週間→常温で7か月以上

調味料

酸素を吸収する素材をパッケージに入れた。つくり方や材料の配合も工夫して、改良を重ね賞味期間をのばした。

こんなにのびた

7か月→10か月→12か月

切りもち

ひとつひとつのおもちをつつむ個包装フィルムが、酸素を吸収する。
内側の酸素を吸収して、外からの酸素の侵入もふせぐため、つきたての風味が長持ちする。

こんなにのびた

15か月→24か月

※パッケージは2021年12月時点のものです。
今後変更になる場合があります。

工夫③ 輸送中も鮮度を保つ

食品ロスは輸送のとちゅうでも起こります。収穫した野菜は呼吸をしていて、呼吸をするごとに鮮度が落ちてしまいます。そこで開発されたのが、野菜の鮮度を保つ特殊なフィルムです。このフィルムを使ったふくろに入れると、野菜の呼吸をおさえて運ぶことができます。野菜が長持ちするので、傷んで捨てることが少なくなります。

特殊な素材でできたふくろに入れて運ぶと……

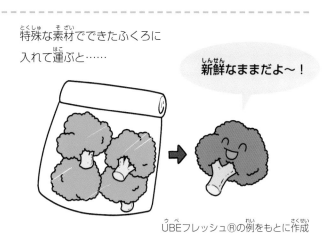

新鮮なままだよ～！

UBEフレッシュ®の例をもとに作成

27

小売店の取り組み

わたしたちに身近なスーパーマーケットやコンビニエンスストアでの取り組みをしょうかいします。わたしたちにも協力できることがあります。

予約をよびかける

　節分の日には恵方巻、バレンタインデーにはチョコレート、クリスマスになるとケーキなど、行事やイベントがあるときには、それにちなんだ「季節商品」がよく売れます。けれどもその時期がすぎるととたんに売れなくなってしまうため、多めに仕入れると大量の食品ロスが出ることがあります。

　そのため最近では前もってお客さんに予約をよびかけ、適度な量を仕入れようとする店が増えています。

行事にちなんだ商品は一日でもすぎると、とたんに売れなくなる。

恵方巻の予約をよびかけるポスター。予約した人は割引にするなど、予約する人が増えるように工夫をしている。予約した人にだけ販売する店もある。

恵方巻がたくさん捨てられているとニュースで聞いたことがあるよ。その季節が来ると食べたくなるけど、時期をすぎると買わないね。

予約をとれば確実に売れる量がわかるから、食品ロスもへらせそうだね。

手前からとるようよびかける

店のたなにある商品は、手前から賞味期限が近い順にならんでいます。お客さんのなかには、少しでも賞味期限が先の商品がいいと考え、手をのばして後ろにある商品をとる人もいます。みんなが同じことをすると、賞味期限の近い商品がいつまでもたなに残り、最後には捨てなければならなくなります。

そこで「すぐに食べるなら手前の賞味期限の近い商品をとってほしい」と、「てまえどり」をお客さんによびかけるようになってきています。

「てまえどり」のよびかけをしている生協の店内。

写真提供：生活協同組合コープこうべ

その日のうちに食べるなら賞味期限が近いものでも、問題はないよね。手前からとって食品ロスをへらそう。

取引のルールを見直す

食品業界では、製造日から賞味期限までの期間を3等分して、3分の1の期間内に食品メーカーが小売店に商品をおさめなければならないという「3分の1ルール」という習慣があります。また3分の2の期間をすぎると、小売店は売れ残った商品を捨てたり、メーカーに返品したりするのが、長い間当たり前になっていました。

これは食品ロスを生む大きな原因となるため、最近では、食品メーカーが商品をおさめる期限を賞味期限までの2分の1までにのばすようになってきました。賞味期限の直前まで商品を売る小売店も増えています。

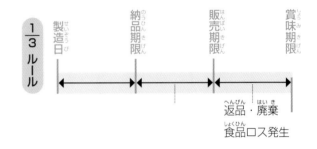

返品・廃棄
食品ロス発生

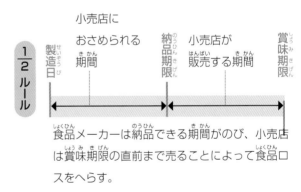

食品メーカーは納品できる期間がのび、小売店は賞味期限の直前まで売ることによって食品ロスをへらす。

賞味期限のせまった商品をお客さんに買ってもらうためのキャンペーン「もぐもぐチャレンジ」。賞味期限のせまった商品にキャラクターのシールをはる。お客さんはシールがはってある商品を買って10枚集めると、プレゼントなどと交換することができる。

すぐに食べるなら値引きされている賞味期限の近い商品はお得。でも日持ちはしないので、すぐに食べきれる分だけを買ってね。

飲食店の取り組み

飲食店の食品ロスでもっとも多いのは食べ残しによるものです。最後までおいしく食べてもらえるように工夫をしている店もあります。

レストランで食べきれなくて残してしまうことがたまにあるんだよね

おいしいけどおなかいっぱい

最近は残ったものを持ち帰りできるお店もあるのよ

もちかえり

ほんと!?

ドギーバッグで食べ残しを持ち帰る

食品ロスをへらすため、食べきれずに残してしまった料理を「ドギーバッグ」に入れるなどして、持ち帰れる店が増えています。ドギーバッグとは、残った料理を入れるうつわのことです。

ただし調理のしかたや食べものによっては、傷みやすく、時間がたってから食べるとおなかをこわしてしまう場合もあります。お店で持ち帰りをすすめていないときは、あきらめましょう。

まずは最後まで食べきれるかよく考えて注文することが大切です。

群馬県の持ち帰り用ドギーバッグ「上毛バッグ」

持ち帰りのときに気をつけること

- できるだけ小分けにする
- まっすぐに帰る（寄り道をしない）
- 水分はとりのぞく
- その日のうちに食べる
- 冷めるまで待つ

ENJOY LEFTOVERS

食べきれずに残した料理、自己責任でお持ち帰り頂けます

※「持ち帰り」料理の安全性を保証するものではありません

飲食店にはってあるステッカー。このステッカーがはってあるお店では持ち帰りができる。

お店の人がつくってくれたものを、残さないですんでよかった。

持ち帰ったあとは、冷蔵庫に保存して、その日のうちになるべく早く食べるようにしてね。

サイズを選べるメニューづくり

食べられる量は人によってちがいます。レストランの料理は量が多すぎて食べきれないという人もいるでしょう。

そこで最近では小さなサイズの料理や小盛りのごはんを用意している飲食店が増えています。メニューにはなくても、店員さんにたのむと量をへらしてくれる場合もあるので、食べきれるか心配なときは聞いてみるのもよい方法です。

特盛

超特盛

アタマの大盛

大盛

小盛

並盛

牛丼店の「吉野家」では、6種類のサイズを用意している。

お米の量が少ない「シャリハーフ」

1てきずつしょうゆが出る入れもの

回転ずし店の「くら寿司」では、おすしの米の量を減らして食べ残しを防ぐ「シャリハーフ」や、しょうゆを出しすぎないよう入れものの形を工夫するなど、さまざまな取り組みを行っている。

ふつうのサイズ（1人前）のぎょうざ

ジャストサイズのぎょうざ

中華料理店の「餃子の王将」は、子どもや小食な人でも食べきれる量の「ジャストサイズ」を用意している。

知ってる？
つくり置きをやめて食品ロスが半分に

ファストフード店の「マクドナルド」では、以前はお客さんが来たときにすぐにハンバーガーを出せるように、販売数を予測してつくり置きをしていました。けれども、急に天気が悪くなったときなどは、予測よりもお客さんが少なく、つくり置きした商品が冷めて味が落ちてしまうため、捨てなければなりませんでした。そこで2005年からは全店でオーダーが入ってから調理をする方法に切りかえたところ、日本全国のマクドナルドから出る食品ロスの量が2005年の導入前の約半分にまでへりました。

つくり置きをやめたキッチンでは、オーダーを受けるとキッチンのディスプレイに注文内容が表示されて、一つずつ調理するしくみになっている。

いつもできたてを食べられて、食品ロスもなくせていいね！

みんなで協力してできる取り組み

食品ロスをなくすためのサービスを提供している企業があります。市区町村でも、食品ロスをなくすために、さまざまな取り組みをしています。

捨てられそうな食品を販売する

大きすぎる野菜や、形、色がふぞろいな野菜、箱がつぶれてしまったおかしなど、味に問題はないのに、通常の店では売れない食品を販売するオンラインショップがあります。

このようなオンラインショップから食品を買うことも、食品ロスをへらすことにつながります。あつかう商品は通常よりも低価格で販売されることが多いので、お買い得です。

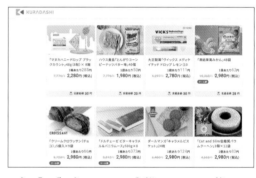

「KURADASHI」では、野菜、魚、肉に加えて、印刷ミスなどのため売れない食品や、賞味期限がせまった食品が出品されている。

知ってる？
食品ロスをへらすための法律

食品ロスをへらすため、日本にくらすすべての人が、協力して取り組んでいくことを決めた法律が「食品ロス削減推進法」です。2019年から実行されています。この法律では2030年までに273万トンの食品ロスをへらすことを目標としています。

飲食店や小売店など、食品にかかわるいろんな場所にいるよ。さがしてみてね。

食品ロスをへらすためにつくられたキャラクター「ろすのん」。好きな食べものはおさしみのつまとパセリ。

まち全体で取り組む

市区町村では食品ロスをへらすため、住んでいる人たちといっしょにさまざまな取り組みをしています。みなさんのまちではどんな取り組みをしていますか？ 住んでいるまちのウェブサイトなどで調べて、できることをさがしてみましょう。

みんなでやれば、楽しく食品ロスをへらせそうだね。

京都府京都市

オリジナルカードゲームで食品ロスを学ぶ
食品ロスが出る原因と、食品ロスをへらすためにどうしたらいいかを楽しんで学ぶことができる「食品ロスZEROマスター」をつくった。地域の学習会や市内の環境学習施設で体験することができる。

「食品ロスZEROマスター」小学生から大人まで、3〜5人で遊ぶことができる。

このゲーム、ぼくもやってみたいな。

宮城県仙台市

食エコリーダーが情報発信
2018年に冷蔵庫の収納方法や、食品の保存、料理の工夫について学ぶ講座を開き、講座を修了した人を「せんだい食エコリーダー」に認定した。食エコリーダーはYouTubeや料理教室、さまざまな勉強会で、食品ロスをへらす方法について市民に提案している。

仙台市のYouTubeで食材をむだなく使う料理についてしょうかいするせんだい食エコリーダー。

長野県松本市

食品ロスをなくすレシピを公開
毎月10日には、野菜のくきや皮を利用する「もったいないクッキング」を、30日には冷蔵庫のあまりものを使って料理をする「冷蔵庫クリーンアップ」をよびかけ、市民や大学の協力を受けてレシピ集を作成した。

野菜を楽しく調理しておいしく食べられる料理のレシピ集。ホームページからもダウンロードできる。

わたしたちもつくってみようよ！

おいしそう！

「食品ロス」をへらすために行動しよう

―学んだことをやってみよう！―

※持ち帰ったものは早めに食べましょう

おやつの時間

今日のおやつは
ポテトチップだ！

わーい

残りは
今度にしようか

そうだ！

みゆき先生に
教えてもらったことを
やってみようよ！

そうだね！

水分をすわないように
しっかり閉じておこう

きっちり

別の日

おいしく
食べられるね

パリパリ
だー

ふたりともー！

えらいっ！

みゆき先生のおかげだよ！
「食品ロス」をへらすコツが
わかってきたんだ！

「食品ロス」をへらす取り組みは
日本だけでなく、世界中での
大きな関心ごとです。
ひとりひとりができることに
少しずつ取り組めば
かならず「食品ロス」はへらせます。
まずは、目の前の小さな取り組みから
はじめてみませんか？

島本　美由紀

すごいぞー

その調子ー

がんばろう
ね！

うん！

食品ロス おさらいクイズ

食品ロスのことが、どれくらいわかったかな？クイズで力だめしをしよう。

1
食品ロスをへらすためによい買いもののしかたは？

① そのとき食べたいものを買う
② 安売りしているものをたくさん買う
③ 必要なものだけを買う

わかったよ！

2
食品ロスをへらすためによい冷蔵庫の使い方は？

① 食べものをぎっしりとつめる
② 整とんしてすきまをつくる
③ 何度も開けて中を確認する

3
牛乳はどこに保存すると長持ちする？

① 冷蔵庫の中
② 日光が当たるところ
③ 温度が高いところ

4
野菜は、置き方を工夫すると長持ちするよ。葉を食べる野菜（ホウレンソウやコマツナなど）は、どの向きで置くといいかな？

① 根元を上にする
② 横に寝かせる
③ 根元を下にする

5

食品メーカーは食品ロスをへらすために
どうやって生産量を調整している？

① 気象データを見る

② うらないで予想

③ 社長が1人で決める

みんなが協力できる
ことだよ。

いくつできるかな？

6

小売店が食品ロスをへらすためにして
いる取り組みは？

① てまえどり

② わたりどり

③ よこどり

7

飲食店で残った料理を
持ち帰るときに使う
いれものの名前は？

① ポニーバッグ

② ドギーバッグ

③ パピーバッグ

8

このキャラクターの
名前は？

① ろすぽん

② ろすたん

③ ろすのん

答え

01 ③必要なものだけを買う 02 ②冷蔵庫などをつくる 03 ①冷蔵車の中 04 ④保存食にする 05 ①気象データを見る 06 ①てまえどり 07 ②ドギーバッグ 08 ③ろすのん

食品ロスをへらす海外の取り組み

外国でおこなわれている食品ロスをへらすユニークな取り組みを見てみましょう。

おすそわけを支えるアプリ

イギリスではじまったアプリ「OLIO」は、家であまった食べものをゆずりたい人とその食べものをほしい人をつなげるしくみです。食べものをゆずりたい人が食べものの写真をのせると、OLIOに登録している別の人がそれを見ることができます。食べものをほしい人は、アプリから受け取りを希望することを伝え、待ち合わせた場所で、食べものの受けわたしがおこなわれます。

ヨーロッパを中心に約50か国で利用され、300万人以上の人が利用しています。

OLIOのしくみ

食べものをゆずりたい人は、食べものの写真をのせて、引きわたし場所・時間を指定する。

(イメージ)

写真をのせる

リクエストを送る

食べものがほしい人は、OLIOに登録すると、近くでどんな食べものがもらえるかがわかる。ほしい食べものがあれば受け取りのリクエストを送る。

トマトをゆずります！

指定した時間・場所で食べものを受けわたしする。

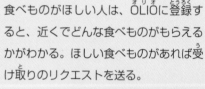

トマトがほしいです！

だれでも使えるまちかどの冷蔵庫

外国では、まちかどに冷蔵庫が置かれていることがあります。連帯冷蔵庫といって、家庭やレストランであまった料理や食品はこの冷蔵庫に入れることができ、ほしい人が自由にもらっていくことができるしくみです。

生活にこまっている人がいる一方、たくさんの食品ロスが出ているという問題を解決するため、2015年にスペイン・バスク自治州ではじまりました。設置してから1か月半で200〜300kgの食品が必要な人の手にわたり、食品ロスもなくすことに成功しました。現在、この取り組みはほかの国や地域にも広がっています。

アメリカの連帯冷蔵庫。

＊生の肉や魚、卵は入れない、調理をした料理は日付をはることをルールにしたほか、ボランティアの人が点検して古くなったものを取り出すことで、安全に利用することができている。

さくいん

あ行

飲食店（いんしょくてん）	30,32
AI（エーアイ）	25
オンラインショップ	32
おやつ	13,16

か行

買いもの	6,7
家畜のえさ（かちく）	24
カップラーメン	15
皮（かわ）	20,23
缶づめ（かん）	15
気象データ（きしょう）	25
季節商品（きせつしょうひん）	28
菌（きん）	8,9,10,15,27
工場	24,25
小売店	28,29,32
コンビニエンスストア	28

さ行

魚	9,23,32,38
3分の1ルール	29
消費期限（しょうひきげん）	14
賞味期限（しょうみきげん）	6,14,15,18,29
少量サイズ（しょうりょう）	26
食品ロス削減推進法（しょくひんさくげんすいしんほう）	32
食品メーカー（しょくひん）	26,27
食欲（しょくよく）	16,17
スーパーマーケット	22,28
生産者（せいさんしゃ）	22
生産量（せいさんりょう）	25

た行

食べ残し（のこ）	16,30
直接廃棄（ちょくせつはいき）	6
てまえどり	29
ドギーバッグ	30

な行

農家（のうか）	22,23
生ごみ	24
肉	9,25,32

は行

パッケージ	13,14,26,27
非常食（ひじょうしょく）	15
肥料（ひりょう）	24
保存（ほぞん）	10,11,14,15,16

ま行

持ち帰り（も）	30

や行

野菜（やさい）	9,11,17,19,22,27,32,33
輸送（ゆそう）	27
予約（よやく）	28

ら行

リサイクル	24
リメイク料理（りょうり）	17
漁師（りょうし）	23
冷蔵庫（れいぞうこ）	9,10,11,12,13,14,15,18,19,21
連帯冷蔵庫（れんたいれいぞうこ）	38
ろすのん	32

監修　島本 美由紀（しまもと　みゆき）

料理研究家・食品ロス削減アドバイザー。

旅先で得たさまざまな感覚を料理や家事のアイデアに活かし、誰もがマネできるカンタンで楽しい暮らしのアイデアを提案。

ラク家事、食品保存＆冷蔵庫収納アドバイザー、防災士の肩書も持つ。

親しみのある明るい人柄で、テレビや雑誌を中心に多方面で活躍。著書は70冊を超える。

一般社団法人「食エコ研究所」の代表理事として食品ロス削減の講演会なども行い、

活動が認められ、令和３年食品ロス削減推進大賞審査委員会委員長賞を受賞。

漫画・イラスト●深蔵

写真・画像協力●島本 美由紀　アッシェもぐにぃ管理事務局　味の素　石川県立翠星高等学校　宇部フィルム　キユーピー　王将フードサービス　京都市　クラダシ　くら寿司　群馬県環境森林部気候変動対策課　サトウ食品　生活協同組合コープこうべ　仙台市環境局　辻農園　日本マクドナルド　深作農園　松本市役所 環境エネルギー部 環境・地域エネルギー課　もりやま園　森永乳業　吉野家　PIXTA　Sutterstock

編集協力●ニシ工芸（野口 和恵、名村 さえ子、森脇 郁実、高瀬 和也）　　**デザイン・DTP●**ニシ工芸（小林 友利香）

参考文献

『生のまま！　野菜まるごと冷凍テクニック』島本美由紀（パイ インターナショナル）

『栄養素も鮮度も100％キープ　おいしい冷凍保存術』島本美由紀（宝島社）

『S・M・A・R・Tルールで、キッチンが劇的スッキリ！捨てないキッチン』島本美由紀（KKベストセラーズ）

『ひと目でわかる! 食品保存事典 簡単! 長持ち! 節約!』島本美由紀（講談社）

『食品ロスの大研究　なぜ多い？　どうすれば減らせる？』井出留美：監修（PHP研究所）

『食べ物はどうしてくさるの』（Gakkenキッズネット）
https://kids.gakken.co.jp/kagaku/kagaku110/science0487/

『ゆず大福・団子・マーマレード…「廃棄果皮０（ゼロ）システム」で歴代初となる高校生が農林水産大臣賞受賞』井出留美（Yahoo！JAPANニュース　個人）
https://news.yahoo.co.jp/byline/iderumi/20200207-00162093

『食品ロスの削減に資する容器包装の高機能化事例集＜第二版＞』（農林水産省）
https://www.maff.go.jp/j/shokusan/recycle/youki/attach/pdf/index-67.pdf

食品ロス削減関係参考資料（令和3年8月26日版）消費者庁消費者教育推進課 食品ロス削減推進室https://www.caa.go.jp/policies/policy/consumer_policy/information/food_loss/efforts/assets/efforts_210826_0001.pdf

『ルポ 雇用なしで生きる スペイン発「もうひとつの生き方」への挑戦』工藤律子（岩波書店）

食品ロス 「もったいない」をみんなで考える
②食品ロスをなくすには？

初版発行　2022年4月1日

監　修　島本 美由紀
発行者　岡本 光晴
発行所　株式会社　あかね書房
〒101-0065　東京都千代田区西神田3-2-1
03-3263-0641（営業）　03-3263-0644（編集）
https://www.akaneshobo.co.jp
印刷所　中央精版印刷株式会社
製本所　株式会社難波製本

NDC588　39ページ　31cm×22cm
© 2022 Nishikougei
ISBN978-4-251-09562-6
定価は裏表紙に表示してあります。
落丁本・乱丁本はおとりかえいたします。

NDC588
監修　島本 美由紀（しまもと みゆき）
食品ロス 「もったいない」をみんなで考える
②食品ロスをなくすには？（しょくひん）
あかね書房　2022　39p　31cm×22cm